HUMOUR D'EN RIRE

Joséphine LH

EDITIONS

© Rouge Noir Éditions

Le Code de la propriété intellectuelle interdit les copies ou reproductions destinées à une utilisation collective. Toute représentation ou reproduction intégrale ou partielle faite par quelque procédé que ce soit, sans le consentement de l'auteur ou de ses ayant cause, est illicite et constitue une contrefaçon, aux termes des articles L.335-2 et suivants du Code de la propriété intellectuelle.

Rire, sourire ... est tellement important dans nos vies, c'est un moment de détente indispensable pour nos zygomatiques, mais aussi pour notre entourage.

Il y a quelque temps pour me faire plaisir, également pour les amis qui me suivent sur Facebook, j'ai décidé de publier des blagues du soir, cela change notre quotidien.

Des personnes m'ont demandé de les rassembler pour en faire un recueil que voilà. J'espère qu'il vous plaira.

Vous n'êtes pas obligé de lire à la suite, seulement l'ouvrir et vous détendre selon vos envies.

Pourquoi les blondes tondent-elles le gazon avec une tondeuse électrique ?
Pour retrouver leur chemin jusqu'à la maison.

☺☺☺

Pourquoi les blondes aspergent-elles parfois leur ordinateur ?
Elles veulent surfer sur Internet.

☺☺☺

Qu'est ce qu'une blonde avec une mèche brune ?
Un brin d'intelligence.

☺☺☺

Une blonde arrive en retard au travail, son patron l'interpelle :
- C'est le quatrième jour de la semaine que vous êtes en retard ! Qu'en concluez-vous ?
- Euh, Qu'on est jeudi !

Pourquoi il n'y a pas de ballon à question pour un champion ?
Car Julien Lepers.

2 cacas vont à la guerre et rencontrent une diarrhée :
— Je peux venir ?
— Non. La guerre, c'est pour les durs !

☺☺☺

Quel est le point commun entre un cunnilingus et un lapsus ?
Une erreur de langue et vous êtes vite dans la merde...

☺☺☺

Pourquoi est-ce si difficile de conduire dans le Nord ?
Parce que les voitures arrêtent PAS DE CALER

☺☺☺

Pourquoi les hommes ont-ils toujours les jambes écartées lorsqu'ils sont assis ?
Pour aérer leur cerveau

☺☺☺

Un monsieur visite un musée. Soudain il s'arrête et dit au guide :

— Ah, c'est moche !

— C'est du Picasso, répond le guide.

Plus loin, il s'écrie de nouveau :

— Ah, c'est vraiment moche !

— C'est un miroir, monsieur !

Un chien et un homme son sur un bateau. Le chien pète, l'homme tombe à l'eau et se noie.

Quelle est la race du chien ?

Un pékinois. (Un pet qui noie)

☺☺☺

Dans un hôpital, deux fous jouent aux cartes. Soudain, une infirmière arrive avec une seringue. L'un des deux fous s'écrie :
— Tiens, voilà la dame de pique !

☺☺☺

Quel est le point commun entre un professeur et un thermomètre ?
On tremble quand ils marquent zéro !

☺☺☺

Monsieur et Madame froid ont 7 enfants, quels sont leurs prénoms ?

Sylvain, Aude, Anne, Marc, Samson, Gille et Laura. Car s'il vient au Danemark sans son gilet l'aura froid !

☺☺☺

Quelle est la plus intelligente : la blonde, la rousse ou la brune ?

La rousse parce que c'est un dictionnaire.

☺☺☺

Quelle est la définition du soutien-gorge ?
Il soutient les faibles, maintient les forts et ramène les égarés.

☺☺☺

C'est l'histoire du p'tit dej', vous la connaissez ?
Non, pas de bol...

Un jour, Dieu dit à Casto de ramer.
Et depuis, Castorama...

Pourquoi un chasseur emmène-t-il son fusil aux toilettes ?
Pour tirer la chasse.

L'histoire de l'armoire
Vous connaissez l'histoire de l'armoire ?

Elle n'est pas commode...

☺☺☺

Les Martiens

Pourquoi les Martiens ne renversent-ils jamais de café sur la table ?

Parce qu'ils ont des soucoupes !

☺☺☺

La fête des fumeurs

Quel est la date de la fête des fumeurs ?

Le 1er juin.

C'est l'histoire d'une blague vaseuse.

Mets tes bottes.

C'est l'histoire d'un poil. Avant, il était bien.

Maintenant, il est pubien.

Comment appelle-t-on un chien qui n'a pas de pattes ?

On ne l'appelle pas, on va le chercher...

L'autre jour, j'ai raconté une blague sur Carrefour. Elle n'a pas supermarché...

☺☺☺

Que fait une vache quand elle a les yeux fermés ?
Elle fabrique du lait concentré !

☺☺☺

C'est l'histoire d'une brioche qui n'allait jamais aux sports d'hiver...
Parce qu'elle ne savait Pasquier

Quelle est la différence entre une femme et un dobermann ?
Le prix du collier.

☺☺☺

Quelle est la capitale de l'île de Tamalou ?
Gébobola !

☺☺☺

Que dit une fesse droite à une fesse gauche ?
Ça va chier entre nous !

Pourquoi cendrillon est-elle morte à minuit ?

Parce que son tampon s'est transformé en citrouille !

☺☺☺

Comment appelle-t-on un roux dans un four ?

Un Rôuti

☺☺☺

Qu'est-ce qu'un comptable ?

C'est un con avec une table.

☺☺☺

Quelle est la similitude entre une femme et un bilan comptable ?
Plus il y a de pertes, moins il y a de fonds propre.

☺☺☺

L'amour, c'est comme les cartes :
Quand on n'a pas de partenaires, mieux vaut avoir une bonne main.

☺☺☺

Quelle est la différence entre Rocco Siffredi et Karl Lagerfeld ?

Aucune : ils ont tous les deux une queue de cheval !

☺☺☺

Quel est le point commun entre un sourd et un gynécologue ?
Les deux savent lire sur les lèvres.

☺☺☺

Quel est le point commun entre un lapsus et un cunnilingus ?
Une erreur de langue et vous êtes vite dans la merde.

A quel moment la poule a-t-elle le plus mal au cul ?
Quand elle passe du coq à l'âne

☺☺☺

Quel est le pire cauchemar pour une chauve-souris ?
Avoir la diarrhée pendant qu'elle dort.

☺☺☺

Quel est l'animal qui a le plus de dents ?
La petite souris.

Qu'est-ce qu'un tube de colle avec une cape ?

Une Super Glue

☺☺☺

La vérité sur le père Noël

Savez-vous pourquoi le père Noël rit tout le temps ?

Parce que ce n'est pas lui qui paye les cadeaux !

☺☺☺

Que dit Frodon devant sa maison ?

C'est là que j'hobbit...

Tu connais la blague de la chaise ?
Elle est pliante.

☺☺☺

Comment appelle-t-on les parents de l'homme invisible ?
Les transparents.

☺☺☺

Pourquoi Napoléon n'a jamais déménagé ?
Parce qu'il avait un Bonaparte.

Qu'est-ce que ça fait quand tu lances une gousse d'ail contre un mur ?
Le retour du jet d'ail.

☺☺☺

Le viagra c'est comme l'enfer,
Satan l'habite.

☺☺☺

Qu'est-ce que deux p'tits pos morts ?
Les restes d'un bon duel...

Tu connais la blague du photographe ?
Elle n'est pas encore développée !

☺☺☺

Pourquoi les Anglais n'aiment pas les grenouilles ?
Car elles font le thé tard.

☺☺☺

— Maman, c'est quoi de la lingerie coquine ?
— De la hot couture.

☺☺☺

Qu'est-ce qui est jaune et qui court vite ?
Un citron pressé.

☺☺☺

Quel est le seul instrument à vent avec une corde ?
Le string.

☺☺☺

Pourquoi les Belges viennent-ils à la messe avec du savon ?
Pour l'Ave Maria.

☺☺☺

Comment s'appelle le cul de la Schtroumpfette ?
Le blu-ray.

☺☺☺

C'est quoi une chauve souris avec une perruque ?
Une   souris.

Que dit un escargot quand il croise une limace ?
Oh un naturiste.

☺☺☺

Pourquoi les canards sont toujours à l'heure ?
Parce qu'ils sont dans l'étang.

☺☺☺

Qu'est-ce qui est dur, blanc, avec le bout rouge, et qui sent la pisse ?
Une borne kilométrique.

Que fait un crocodile quand il rencontre une superbe femelle ?
Il Lacoste.

☺☺☺

C'est quoi un petit pois avec une épée face à une carotte avec une épée ?
Un bon duel.

☺☺☺

Quel est le point commun entre les maths et le sexe ?
Plus il y a d'inconnues, plus c'est chaud.

Tu connais la blague de la chaise.
Elle est tellement longue.

☺☺☺

C'est l'histoire d'un papier qui tombe à l'eau.
Il crie *« Au secours ! J'ai pas pied ! »*

☺☺☺

Que fait une fraise sur un cheval ?
Tagada Tagada.

☺☺☺

C'est l'histoire de 2 patates qui traversent la route. L'une d'elle se fait écraser. L'autre dit : « *Oh purée !* »

☺☺☺

Quelle est la différence entre un rappeur et un campeur ?
Le rappeur nique ta mère et le campeur monte ta tente.

☺☺☺

Une fesse gauche rencontre une fesse droite :
« *Tu ne trouves pas que ça pue dans le couloir ?* »

Il y a 3 poussins dans un nid, j'en veux deux. Qu'est-ce que je fais ?
J'en pousse un.

☺☺☺

C'est l'histoire de Paf le chien qui traverse la route.
Et paf le chien !

☺☺☺

Tu connais le cri du spermatozoïde ?
Bah la prochaine fois, au lieu d'avaler, tu croques.

C'est l'histoire de 2 grains de sable qui arrivent à la plage :
« *Putain, c'est blindé aujourd'hui…* »

☺☺☺

Qu'est-ce qui est vert avec une cape ?
Un concombre qui imite Super Tomate.

☺☺☺

Quelle est la mamie qui fait peur aux voleurs ?
Mamie Traillette.

Comment appelle-t-on un préservatif pour statue ?
Une capote en glaise.

☺☺☺

Deux œufs discutent :
— *Pourquoi t'es tout vert et aussi poilu ?*
— *Parce que j'suis un kiwi, connard*

☺☺☺

Comment appelle-t-on un bébé éléphant prématuré ?
Un éléphant tôt.

Comment savoir quand un sapin est en colère ?
Il a les boules.

☺☺☺

Que prend un éléphant dans un bar ?
Beaucoup de place.

☺☺☺

C'est l'histoire d'un têtard. Il croyait qu'il était tôt. Mais en fait il est têtard.

Pourquoi le lapin est bleu ?
Parce qu'on l'a peint.

☺☺☺

Comment appelle-t-on un lapin sourd ?
LAAAAAAPIIIIIIIINNNNNNN!!!!!!

☺☺☺

Pourquoi faut-il enlever ses lunettes avant un alcootest ?
Ça fait 2 verres en moins.

Pourquoi Mickey Mouse ?

Parce que Mario Bros.

Un œuf appelle un autre œuf au téléphone :

« Oui allo ? Si dans 5 minutes, t'es pas là, j'me casse ! »

Une mère dit à son garçon :

— N'oublie pas que nous sommes sur terre pour travailler.
— Bon, alors moi, plus tard je serai marin !

☺☺☺

Une dame dit à un oculiste :

— Docteur, ma vue baisse.
— Ah ! Fais l'oculiste, et que faites-vous dans la vie ?
— Justement, je suis voyante.

☺☺☺

— J'ai battu un record.
— Ah bon, lequel ?
— J'ai réussi à faire en 15 jours un puzzle !
— Sur lequel il y avait écrit "de 3 à 5 ans"

☺☺☺

Deux pneus qui se disputent :

— Tu veux que je t'éclate la tronche ?
— Dégonflé va !

☺☺☺

Nicolas demande à un copain :

— Qu'est-ce que ça veut dire : I don't know ?

Et l'autre répond :

— Je ne sais pas !

C'est un pain au chocolat qui rencontre un croissant et qui lui dit :

— Eh, pourquoi t'es en forme de lune toi ?
— Oh, j't'en pose des questions, moi ? Est-ce que j'te demande pourquoi t'as une merde au cul ?

Le garagiste demande :

— Comment avez-vous crevé ce pneu ?
— Oh ! bêtement, en roulant sur une bouteille d'alcool.
— Vous ne l'aviez pas vue ?
— Non l'homme l'avait dans sa poche.

☺☺☺

C'est deux spermatozoïdes qui discutent :

— Dis, c'est encore loin les ovaires ?
— Tu parles, on n'est qu'aux amygdales.

☺☺☺

— Dis maman, un citron, ça a des pattes ?
— ???
— Dis maman, un citron, ça a des pattes ?
— Euh... ben non, un citron ça n'a pas de pattes.
— Ah ben c'est un poussin que j'ai pressé, alors.

Un gendarme fais stopper une automobiliste.
- Vous n'aviez pas vu le feu rouge ?
- Si, c'est vous que je n'avais pas vu !

Pourquoi les esquimaux adorent-ils aller au cinéma ?
Parce qu'ils se font sucer à l'entracte.

Que dit un bébé éprouvette à son père ?
SALUT BRANLEUR !!!

Qui sauve les mariages ?

- La fée lation !

☺☺☺

Que signifie SNCF ?

Sur Neuf Cinq Fainéant.

☺☺☺

Comment appelle-t-on une femme qui n'a jamais pris la pilule ?

Maman.

☺☺☺

Quel est le seul instrument à vent à une seule corde ?
Le String !

☺☺☺

Je vais acheter cette toile dit le client au peintre.
— C'est une affaire, Monsieur. J'y ai passé dix ans de ma vie.
— Dix ans ? Quel travail !
— Eh oui : deux jours pour la peindre et le reste pour réussir à la vendre !

☺☺☺

— Chérie, j'ai gagné un voyage, fais tes valises !
— Je prends laquelle, celle d'été ou celle d'hiver ?
— Les deux tu te casses !

☺☺☺

Dis maman c'est vrai que je suis né dans un chou ?
— Heu oui... c'est ça !
— Et dis maman c'est vrai que ma soeur est née dans une rose ?
— Mais oui mon chéri, c'est ça
— Mais alors, vous baisez que dans le jardin ?

☺☺☺

Le petit Pierre demande à sa mère :
— Maman, tu dis que nos voisins sont du Midi. Mais nous, on est du matin ou du soir ?

☺☺☺

Deux petits garçons à la récré :
— Tu crois qu'il y a du monde sur la lune ?
— Ben oui, c'est toujours allumé !

☺☺☺

Un type entre dans un bar en marchant sur les mains.

Le serveur surpris lui demande la raison, et le gars répond :

« C'est à cause de ma femme elle ne veut plus que je mette un pied dans un bar. »

Quel est le jeu favori des fonctionnaires ?

Le mikado : c'est le premier qui bouge qui a perdu.

L'inspecteur du ministère de l'éducation demande à un postulant qui désire devenir maître d'école : Pouvez-vous me donner trois raisons qui vous motivent à devenir instituteur ?

Le candidat répond : Décembre, Juillet et Août.

☺☺☺

Une femme crie : « OH OUI !! »

L'homme : « t'aimes ça hein ? »

La femme : « OH OUI !! mais chéri tu peux enlever ta bague ça fait mal ! »

L'homme : « C'est pas ma bague, c'est ma montre !!! »

☺☺☺

Quelle est le point commun entre les impôts et la sodomie ?
C'est le premier tiers qui est le plus dur à passer.

☺☺☺

Deux chefs d'entreprise discutent :
– Comment fais-tu pour que tes employés arrivent toujours à l'heure le matin ?
– C'est très simple : j'ai trente employés et seulement vingt places de parking !

☺☺☺

Un couple est en pleine action, la pression commence à monter…

Elle : vas-y sauvagement !

Lui : Oui, Oui,

Elle : continue ! continue !

Lui : Oui, Oui !

Elle : ne sois pas timide

Lui : Oui ! Oui !

Elle : montre que tu es un homme !

Lui : Oui ! Oui !

Elle : dis-moi des choses sales !

Lui : la cuisine, la salle de bain, le salon, la bagnole…

☺☺☺

Pierre : Dis-moi, si je couche avec ta femme, on est amis ?
Paul : Non !
Pierre ! : On est copains ?
Paul : Non !
Pierre : On est ennemis ?
Paul : Non !
Pierre : On est quoi alors ?
Paul : On est « quitte » !

Deux militaires discutent ensemble.

-Pourquoi t'es tu engagé dans l'armée ?

-Parce que je suis célibataire et j'aime la guerre…Et toi ?

– Moi, je suis marié et je voulais la paix !

☺☺☺

Une femme demande à son mari :

— Quel genre de femme tu préférerais avoir ? Une femme très intelligente ou une femme très belle ?

— Aucune des deux, chérie. Tu sais bien que c'est toi que j'ai choisi.

☺☺☺

La femme se regarde nue dans la glace et dit à son mari :

— Je suis horrible chéri, grosse et laide. J'ai besoin d'un compliment !

Le mari répond :

— Tu as une bonne vue !

☺☺☺

Le jour de la Saint Valentin, dans un grand hôtel à Venise, le garçon d'étage frappe à la porte de la chambre d'un couple :

— Monsieur désire-t-il quelque chose ?

— Moi, non, merci !

— Et pour votre épouse ?

— Ah ! oui… Bonne idée… Apportez moi donc une carte postale, je vais lui écrire !

Deux hommes discutent :

— A la maison, c'est moi qui commande. Hier par exemple, j'ai dit à ma femme :« Chérie, donne-moi de l'eau chaude » !

— Et elle t'en a donné tout de suite ?

— Oui, tout de suite ! Moi, pour rien au monde, je ne ferais la vaisselle à l'eau froide !

☺☺☺

Qu'est-ce qui a 123 dents et 2 yeux ? Un crocodile.

☺☺☺

Quelle différence y a t'il entre un acteur récompensé aux Oscars et un aspirine ?
Aucune, ce sont tous deux des cons primés.

☺☺☺

Un patron passe un savon à sa secrétaire blonde :

☺☺☺

— Mademoiselle, vous avez fait quelque vingt fautes dans cette lettre ! Vous ne l'avez donc pas relue ?
— Je n'ai pas osé, Monsieur !
— Pourquoi ?
— C'était écrit confidentiel en haut à gauche...

☺☺☺

Un cafetier du sud de la France dit à sa femme :
— Je monte faire la sieste.
Elle demande pourquoi. Il répond :

— Que veux-tu, je ne peux pas rester sans rien faire !

☺☺☺

Une classe d'ado va faire les travaux pratiques dans la nature.
Pendant qu'Ils rentrent au lycée un ado se fait piquer par un frelon qui s'était glissé dans sa veste.
Il secoue sa veste pour faire partir le frelon.
Une élève hurle :

— Le tue pas ... le tue pas ... c'est notre ami de la nature.

Alors que le reste de la classe disait en coeur :

— Bute le ... bute le ...

L'ado de répondre :

— Ce soir vous êtes sur le Facebook de ma mère.

☺☺☺

Mon fils est en train de calculer combien il va toucher à la retraite 😁.
Va bosser mon petit, on en reparlera le moment venu.

☺☺☺

Un type discute avec son copain :

— Ça va mal ces jours-ci, ma femme passe ses soirées à faire le tour des bars de la ville.
— Elle est alcoolique ?
— Non, elle me cherche.

☺☺☺

Ce matin, nous discutons et mon fils me dit :
— Maman tu penseras à envoyer le miel ...
— Heu ! Quoi ?
— Ben ! Le miel ...
— Le miel ? À qui ? Quel parfum ? Lavande ?
— Mais NON ! L'adresse électronique...
— Ah ! Le mail ...
— Oui, le mail.

Et le fou rire me prends, je me suis dit :

« Les amis Facebook vont être ravis de lire ceci ».

☺☺☺

Voici l'histoire d'une pauvre jeune femme blonde qui fait une sortie en avion en compagnie de son ami, pilote, qui meurt subitement d'une crise cardiaque.

La jeune femme lance un appel au secours :

— "Mayday ! Mayday ! Le pilote est mort et je ne sais pas piloter un avion. J'ai besoin d'aide !"

Elle entend une voix à la radio qui lui dit :

— Ici le contrôle aérien, je vous reçois 5/5. Ne paniquez pas, on va vous guider par radio et vous ramener à bon port, respirez calmement et tout va bien se passer, mais d'abord, il faut que vous me donniez votre hauteur et votre position."

Réponse de la blonde :

— "Je mesure 1m64 et je suis assise sur le siège avant."

— "Bien reçu" reprend la voix à la radio....
Répétez après moi : Notre Père qui êtes aux cieux... "

☺☺☺

Les gens...je te jure...pffff.

J'étais à la caisse du carrefour pour acheter des croquettes pour mes loulous quand une femme derrière moi m'a demandé si j'avais un chien. 😱

Alors, sur l'impulsion, je lui ai dit non, je n'ai pas

de chien, je recommençais une diète de croquettes, et que je ne devrais probablement pas parce que je me suis retrouvée à l'hôpital la dernière fois, et que j'avais perdu 10 kilos avant de me réveiller aux soins intensifs avec des tubes sortant de la plupart de mes orifices et des intraveineuses partout. Horrifiée, elle m'a demandé si je me suis retrouvée en soins intensifs parce que la nourriture pour chien m'avait empoisonnée. Je lui ai dit non, " je descendais d'un trottoir pour renifler le derrière d'un caniche et une voiture m'a frappée ".

 Le gars derrière elle, a failli avoir une crise cardiaque, tellement il riait fort !!!

☺☺☺

Mieux vaut avoir un grain, qu'être exprès sot.

☺☺☺

La vitamine C…
mais elle ne dira rien.

☺☺☺

Ce matin, un zoo a perdu 3 singes.
On a retrouvé un dans une boulangerie en train de se goinfrer !
Le second va bien, on l'a retrouvé dans une supérette du coin !
Le troisième malheureusement est en train de lire ma connerie.

☺☺☺

Quel est le coquillage le moins lourd ?

La palourde

Mentions légales

© Rouge Noir Éditions 2020

ISBN : 978-2-902562-34-3

Dépôt légal à la BNF : Février 2020

Rouge Noir Éditions

Avenue de Saint Andiol

13440 CABANNES

Site internet : www.rougnoireditions.fr